I wanted there to thank you and wanted also like you to know
that I will allways remember you even if [illegible]
too from Sean

Thank you for the very helpfull and
interesting talks

Egil   (egriteke @ yahoo.com)

Thank u for this awesome time!
Keep up the good work!
    Bernard   BernardB3 @ eminem.com

Thank for showing
me where there's a
will, there's a way

Dear Mike,
It was nice to see you
again. Thanks for
coming. and I think
by now I have a lot
of expertise for starting
up my own business -
if I have the time (!!!)
    love
        Charlotte xxx.

Thanks for the good advertise!
Etiennebphyn @ datazug. ch

Amsterdam

Martin Kers
& Willem Wilmink

**FOTOGRAFISCHE
IMPRESSIES**

PHOTOGRAPHIC
IMPRESSIONS

Inmerc bv / Schipper Art Productions, Wormer, Holland

Een uitgave van/a publication of Inmerc BV, Wormer
en/and Schipper Art Productions BV, Wormer

Foto's/Photo's: Martin Kers
Gedichten/Poems: Willem Wilmink
The poems of Willem Wilmink were translated into English
by Ann Lavelle
Realisatie en productie/realisation and production:
Inmerc BV, Wormer

© 1991 Inmerc BV, Wormer
Vierde druk, 1999

ISBN 90 6611 206 9
NUGI 672, 922

Amsterdam - hoofdstad
Amsterdam - culturele hoofdstad
Amsterdam - financiële hoofdstad

Vanuit het hart van de financiële hoofdstad,
vanaf de plek waar eens het Paleis voor Volksvlijt
de culturele hoofdstad markeerde, wens ik dit
boek een gouden toekomst. Niet alles wat blinkt
in Amsterdam moge goud zijn, maar het is er
wel, verzeker ik u.

Amsterdam - capital
Amsterdam - cultural capital
Amsterdam - financial capital

*From the heart of the financial capital, from the
place where the 'Paleis voor Volksvlijt' (Palace of
Popular Enlightenment) once stood as a symbol of
the cultural capital, I would like to wish this
book a golden future. Not everything that glitters
in Amsterdam is gold, but I assure you it is
definitely here.*

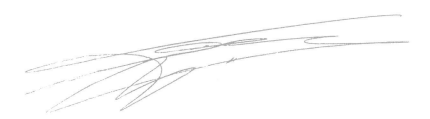

Dr. W. F. Duisenberg

Dr. W. F. Duisenberg

Herengracht

Hoek/corner Reguliersgracht/Keizersgracht

Keizersgracht

Westertoren

Vreemdeling, die de stad niet kent als wij:
voor jou ging nog geen liefde hier voorbij,
waarbij je troost vond in het carillon,
horend dat alles nog veel erger kon,
omdat men elders zonder liefje leeft
en bij dat leed geen Westertoren heeft.

Stranger, for you this city is unknown:
no love of yours has left you here alone,
comforted only by carillon's song
telling you things in life aren't so wrong,
because elsewhere when someone's love has died
no *Westertoren* cheers his broken pride.

Oudezijds Kolk

Keizersgracht

Prinsengracht hoek/corner Bloemgracht

De stad verandert steeds, van hoek tot hoek
en blijft toch één impressionistisch doek
vol zachte weemoed. Dikwijls bruingetint,
maar vaak ook, als er wolken zijn en wind,
vol torens, in een zilveren gloed gezet,
en dan weer donker als een silhouet.

The city wears a new facade each day
but still remains an impressionist's play
of wistful image, often sepia hued,
but often too, with wind and cloud inbued,
full of towers haloed in silver glows
then darkened as silhouetted shadows.

Herengracht bij Blauwburgwal/Herengracht near Blauwburgwal

p. 10-11: Bibliotheek Rijksmuseum / Rijksmuseum Library

Kloveniersburgwal

Buiten Brouwersstraat

Bekijk de stad vanaf een torentrans
en alles lijkt betrokken bij een dans:
de huizen huppelen schots en scheef in 't rond
met zelfs geen rechthoek in hun plattegrond,
laat staan in deur of raam: het heeft wel wat
van een soort kindertekening van een stad.
En al die daken, rood en blauw en grijs,
zingen als vogels door elkaar. De wijs
vertoont een wonderlijke harmonie,
al zingt elk vogeltje zijn melodie.

View the city from such a towering height
and all seems locked in a rhythmic rite:
pell-mell the houses frolic round about:
no right angle in evidence throughout.
Doors, windows follow awry lines much like
a child's crayon city straggling a dike.
And all those roofs, in red and blue and grey,
rise in chorus like beaks of birds. Their lay
echoing true and wondrous harmony,
though each bird sings a unique melody.

Sint Antoniesluis

Rembrandthuis, Jodenbreestraat

Singel, smalste huisje / narrowest house

Begijnhof

Begijnhof

Singel, bloemenmarkt / flowermarket

Museumstraat, onderdoorgang / gallery Rijksmuseum

Nieuwe Kerk, Dam

Amsterdams Historisch Museum / Amsterdam Historical
Museum, Kalverstraat

Herengracht

Rokin

Leidseplein

p. 20-21: Dam

Wat er nu is en wat er vroeger was,
valt samen, deze lente, op dit terras
aan deze gracht, waar nog het licht op staat
omdat de schemering zich heeft verlaat.
Geboomte in een bocht, met jong lichtgroen,
maar aan de overkant staan ze op rantsoen
en lijken zomers door hun donkere kleur.
Het lichtje in het glas boven een deur
wordt toch al feller. En het waait al wat.
Wij gaan maar eens naar binnen, lieve schat.

What's here today and all that went before
unites in spring on terraces galore
scattered along canal or square, where street-
lights compensate sunset's departing heat.
Vernal trees mark time round our city corners:
over the water they all stand like mourners
in their deep-shadowed, verdant foliage.
Light splashes brighter now from a passage,
and it is getting chillier out here.
Let's go into that little pub, my dear.

Reguliersbreestraat

Magere Brug / Skinny Bridge

Vaak liep ik door de nacht, bedroefd en bleek:
iemand die al zeer ontevreden keek
terwijl we vrijden, was te kooi gegaan
met Amsterdams vermaardste stamboekhaan.
Alleen, alleen, was ik, en dacht terug
aan weer een andere gracht, een andere brug,
maar 't lief aldaar was zo geweldig kuis
dat ik niet eens mocht roken in haar huis.
De Amstel langs... verbaasd om het plezier
dat ik toch nog beleefde aan de rivier
waarin de stad in zijn weerspiegeling
ondersteboven aan zijn lichtjes hing.
Wie dat ziet, door een waas van tranen heen,
voelt zich diep in zijn hart niet meer alleen.

Emptiness sent me nightly through the streets:
someone with umoved body 'tween my sheets
was now opening up like a rose-bud
for Amsterdam's most celebrated stud.
Solitary was I, and thinking of
another bridge and canal, and above
those waters was a lover so damn chaste
that smokes were stamped out on the stoop in haste.
Cruising the Amstel... and amazed this river
so much pleasure to me still can deliver
as the city watches its lighted face
sway glittering at the wide river's pace.
A man who sees it through a mesh of tears
feels deep in this solitary heart no fears.

Keizersgracht, tuin NCM / garden NCM

Keizersgracht, tuin NCM / garden NCM

Werf 't Kromhout / 't Kromhout shipyard, Hoogte Kadijk

p. 28-29: Keizersgracht,
gezien vanaf het dak van de NCM /
seen from the roof of the NCM

Wat onze vorige eeuw heeft neergezet,
staat stijf in 't classicistische korset
of het vertoont de dorre symmetrie
van de neogotiek. Een rijkaard, die
een wens had die wat afweek van zo'n smaak,
zocht in een soort van stalenboek lukraak
eclecticistisch uit bij de Architect.
IJzer, gietijzer werden toegedekt
met vale gevels: zo'n constructie was
maar ingenieurswerk, en kwam niet te pas.
Wie nu de werven ziet, of het Centraal,
vat liefde op voor die metalen taal.

What the century past has willed to us
stands rigidly in a classicist truss
or exhibits the humdrum symmetry
of neo-gothic lines. Drab, dreary.
Then there are products of some wealthy man's
peculiar taste and nightmare-brooded plans;
their jumbled whims now dot many a street.
Raw or cast iron hides behind concrete
facades for the century was ashamed
of all the beauty engineers had framed.
Look at the yards, or at the Central Station
and then pay hommage to the age of iron.

Centraal Station / Central Station

Tropeninstituut / Tropical Institute, Mauritskade

Tropeninstituut / Tropical Institute, Mauritskade

Plantage Middenlaan, Zoölogisch Museum / Zoological Museum

Amsterdams Historisch Museum / Amsterdam Historical
Museum, Kalverstraat

Museumplein, gezien vanaf het Concertgebouw / seen from the Concert-hall

Theater Carré, gezien vanuit de Utrechtsedwarsstraat / Carré Theatre, seen from the Utrechtsedwarsstraat

Entrepotdok

Ach, negentiende eeuw, zo vaak gesmaad,
je deed uiteindelijk meer goed dan kwaad.
Wie een oud boek over de grachten kent,
een schilderij van toen, een oude prent,
die ziet een schoonheid en een regelmaat
waarvan meer dan de helft niet meer bestaat.
Maar 't was ook heel wat saaier in die tijd:
een haast laatdunkende afstandelijkheid
lag over dat project. Geen sprake van
dat daar plaats was voor de gewone man.
Jij, negentiende eeuw, deed veel verkeerd,
maar hebt de stad gedemocratiseerd,
bruiner gemaakt en dichterbij gebracht.
Er is geen enkele straat, geen enkele gracht
zonder jouw sporen. Mooi is 't meestal niet,
maar 't maakte van het proza wél een lied.

Ah, nineteenth century often despised,
you gave us more good than is realized.
Those who have seen old views of our canals,
a painting perhaps, or printed annals,
perceive a purity of regular lines
rare today within our city's confines.
But life was bleaker and less sweet back then:
a bourgeois conceit prevailed in times when
no ears heard the voice of the working man.
Wrongs are your stigma in history's span:
yes, nineteenth century, you did grave harm,
but democracy too grew in your palm.
More equal now, we look ever ahead,
but watching our backs is your sturdy thread,
marking the fabric of alley and street;
not beautiful perhaps, but always neat.

Nieuwe Prinsengracht

Valentijnkade

Je hield van haar, maar zij hield niet van jou:
het geldt voor 't meisje dat je hebben wou
en dat jou niet, die ander wel zag staan,
met wie het overigens is misgegaan.
't Geldt ook voor meisjes die je prachtig vond,
maar die geen weet hadden dat jij bestond:
meisjes, bewonderd op het witte doek,
of slechts bestaand uit letters in een boek.
Vaak word je door 't beminde niet bemind:
't geldt voor de teddybeer die je als kind
geknuffeld hebt, of voor een mooi gebouw,
een oude brug, of neem die toren nou
die, naar men zingt, al jouw geheimen kent.
Als je met wat verstand gezegend bent,
weet je dat zelfs het liefste huis niet leeft,
dat bak- noch zandsteen een geheugen heeft,
en dat je niet kunt wandelen door die stad,
druk pratend met een vader die je had,
maar die al zo lang dood is. Het is schijn,
en ook kan steen geen ooggetuige zijn.

You loved her, she was not in love with you:
funny how for me that was always true:
she wanted him, did not know I existed –
and later their affair ended up twisted.
It's odd how all the pretty girls you worshipped
were figures in a too fanciful a script:
girls, admired on the reels from Tinsel Town,
or in the books you could never put down.
Alas, you're rarely loved by your adored:
think of the teddy bear that looked so bored.
Later seductive buildings, bridges lapped
by their temptation, or your secrets trapped,
so the old songs say, by that soaring tower.
Anyone blessed with a perceptive power
knows well a house is but an empty shell,
that brick and slate of things gone by can't tell,
nor can you stroll through any life that was,
talking fast to your father now, because
he's long since dead. It's ineffably sad
but stone cannot recall the times you had.

p. 38-39: Valeriusplein

Prinsengracht

Prinsengracht

Prinsengracht

Oosterdokskade

Oosterdok

Amstel

Waar ziet de reiziger een stadsgezicht
als bij 't Centraal? Het flonkerende licht
over het water van het brede IJ,
met achterlangs: de huizen, rij aan rij
verzilverd? Fijnste landschap dat ik ken!
Hier schiep weleer de Amsterdamse Wren,
Hendrick de Keyser, rustig, één voor één
de torens, over heel het stadsbeeld heen.

What other town has a scape to compare
with our Centraal? The shimmer lights that flare
through the broad waters of the IJ, gilding
mute rows of homes and yards for shipbuilding.
The finest skyline ever, stately and
landmarked long since by a creative hand.
Hendrick de Keyser, Amsterdam's own Wren,
he made the classic towers of way back when.

Oudeschans

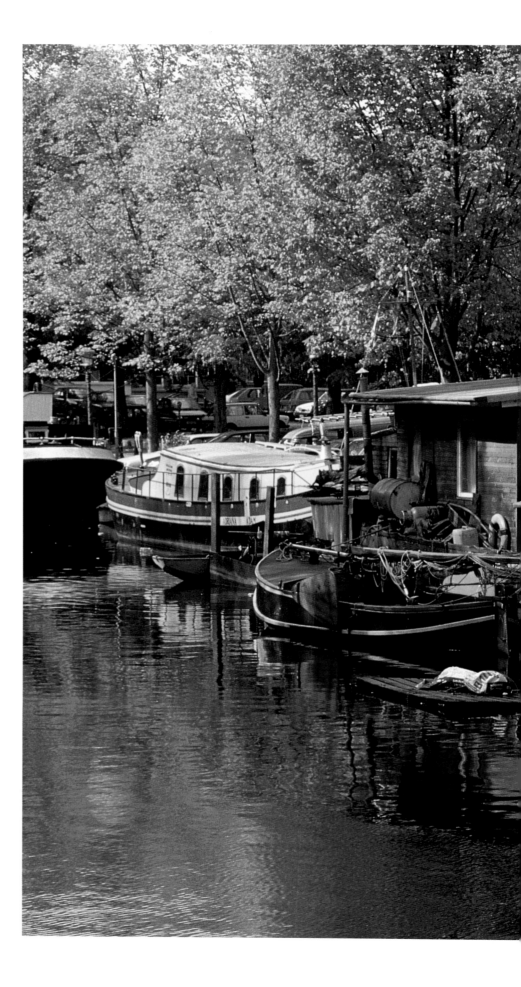

Prinsengracht

Vasumweg, Noordelijke IJoever / Northern Bank of the IJ

Sumatrakade

Vasumweg, Noordelijke IJoever / Northern Bank of the IJ

Vasumweg, Noordelijke IJoever / Northern Bank of the IJ

Amstel

Op 't water vaart een schip met een blauw licht
langzaam voorbij. Een kind dat wakker ligt,
daar op dat schip, zal 't zelfde lichtje zien
en voelt zich veilig, en het denkt misschien:
wat ook voorbijvaart, steden die je ziet
en wijde landschappen... mijn lichtje niet.

On the water a ship sails slowly by,
lit with blue. Child or man who awake lie
onboard the ship will see that same light and
feel safe, thinking perhaps: all things, farm land
and cityscape, lit briefly in the night
are transient, but not my tiny light.

Westelijke Merwedekanaaldijk

Amstel

Brouwersgracht

Oudezijds Voorburgwal

Geldersekade

Prinsengracht

In deze stad, waar men op palen bouwt
en graag een anders rijwiel dubbelvouwt,
is geen fiets zó verkreukeld als de ziel
van wie op een verkeerde dame viel,
bij voorbeeld van sociaal te hoog niveau,
terwijl men zelf maar dichter was of zo.

In this city are hearts like icicles,
and people who bend neighbours' bicycles.
No tortured bike compares with the torn soul
whose love for the wrong woman takes its toll:
maybe her class is far too high and you
are only a poet without a sou.

Amstel

Korte Leidsedwarsstraat

Soms is de stad plotseling vol verraad.
Dan merk je huiverend dat je buiten staat:
je dacht nog dat je in de woning was,
maar staat aan de verkeerde kant van 't glas.
Je lachte mee, maar in de harde kou
besef je nu: de grap ging over jou.

Suddenly the streets breathe a hidden threat.
You stand alone, outside, and chilled with sweat;
confused, you thought you were still safe inside
but no, you're looking through a glass divide.
You laugh with them, but in the searing cold
realize too late you are the poor cuckold.

Sint Luciënsteeg

Voetboogstraat

Rozengracht

Vondelpark

Tussen de velen zijn er veel alleen:
geen echtgenoot, geen kinderen om hen heen,
vaak geen familie. Slechts de nabuurschap
van een gezellige of kille trap,
waar men in broederschap of onmin leeft.
Zo een groet in de omgeving die hij heeft
dingen en dieren heel wat vaker dan
de min of meer bekende vrouw of man,
de oude dame of dat ene kind
waarvan hij hoopt dat het hem aardig vindt.
Steeds met zijn dagindeling in gesprek.
Zich goed verzorgend, anders wordt hij gek.

Crowds are the refuge of the lonely mass,
who neither spouse nor children possess.
Closeness cannot be drawn from family life,
but turns on neighbourly kindness or strife,
a curt or friendly meeting on the stair.
While greeting things and animals everywhere,
the lonely wait for a sign from that more
or less familiar lady, milkman or
that particular mother and young child
he hopes will somehow think him good and kind.
He's always well-groomed, with nose buried deep
in his filofax, or sad tears he'd weep.

Singel

Kloveniersburgwal

Zo'n ronde brug is voor een kind veel waard:
je rent eroverheen, vermomd als paard
of hond of haas, draait als een duikelaar
rondom de leuning, of je zit er maar
een tijdje in je eentje bovenop
om rustig te genieten van je drop,
of helpt eens duwen aan een zware kar.
En als de winter vinnig is en bar,
heb jij je tong op 't ijzer neergelegd,
omdat je geen geloof aan 't sprookje hecht
dat hij dan vastvriest. En je bent gekooid
totdat de GGD hem weer ontdooit.

*A hump-back bridge is a child's great asset,
for you can race across, playing horse or jet
or dog or hare. You swing a dizzy figure
round post or rail, or climb with a swagger
to perch on top, munching candy, or lend
a hand pushing the go-cart of a friend.
And when the winter comes, mean, icy cold,
you lick at iron though you have been told
and don't believe your tongue will stick there fast.
A frozen captive, you are left aghast
until the City's Public Health guys come
with their defrosting gear to ease you some.*

Prinsengracht

Albert Cuypstraat

Albert Cuypstraat

Lijnbaansgracht

Leidsekade

Amsterdamse Bos / Amsterdam Woods

Bosbaan, Amsterdamse Bos / Amsterdam Woods

p. 74-75: Vondelpark

Bosbaan, Amsterdamse Bos / Amsterdam Woods

Vondelpark

Vondelpark

Vondelpark

Vondelpark

Amsterdamse Bos / Amsterdam Woods

Amsterdamse Bos / Amsterdam Woods

Bijlmermeer

De oude stad zal op zijn palen staan
zoals altijd, als dit hier is vergaan.
Wat hier het zicht op de horizon belet,
werd niet gebouwd, maar in elkaar gezet.
De timmerman, toch vakman als weleer,
schaafde alleen wat bij aan raam of deur.
En alles werd hetzelfde: wie hier woont
blijve van bier of brandewijn verschoond,
want anders raakt zijn huis voor altijd zoek,
waar elke hoek is als elke andere hoek.
En toch: bij een vertraging op een reis
kwam ik eens iemand tegen uit Parijs
die zei: 'wie ooit in buitenwijken kwam
van onze stad, vindt klagend Amsterdam
de meest verwende stad van allemaal
en afbraak in de Bijlmer een schandaal:
ruim, groen, vlakbij de stad. Woonde ík er maar!'
Dat zei die praatgrage Parijzenaar.

The old city will still cling on to its
deep-rooted piles when the new lies in bits.
What blocks our horizon was not built but
was put together by stale minds half-shut.
The joiner, once a master of his trade,
now stands by with redundant planing blade.
Houses so uniform those who live there
must not enjoy a brandy or a beer
because in tipsy state their homes became
quite swallowed up in structures all the same.
And still: during a delay on a trip
I once met a Parisian who let slip
that those who went to our city's suburb
thought Amsterdammers their complaints should curb
as this city is luckiest of all
and tearing down the Bijlmer a great scandal:
spacious, green, close to town: 'Oh, if only
I lived her,' sighed the young man from Orly.

Bijlmermeer

Keizersgracht

Albert Cuypstraat

Het Amsterdamse kind, met schelle stem,
wordt warm van binnen als er in de tram
opeens een dier verschijnt, een hond, een kat,
en moet uitvoerig weten hoe en wat:
de naam, de leeftijd, woonwijk en geslacht,
hoe het de dag vandaag heeft doorgebracht,
wat het niet lust, wat het erg lekker vindt,
of het geaaid mag worden door een kind.

Amsterdam's children, city voices shrill,
melt like Dutch butter at the simple thrill
of a pet onboard tram or bus. Dogs, cats,
all raise litters of questions, constant chats
on names and homes, on what it doesn't eat,
on what it loves, and whether for a treat
the apparently tough and street-wise kid
can fondle it gently and soft-hearted.

Oosterdokskade

Vrouwencafé / Woman's café Saarein, Elandsstraat

Dam

'Amsterdam, wonderbaarlijk onderbouwd!
Er vinden in dit omgekeerde woud
zovelen uit de wereld onderdak;
zijzelf vaart over 't wijde watervlak
ook zóver uit, dat ze geen eigen stek
bezit: de hele wereld is haar plek.'
Zie: 1631 is het jaar
dat dit geschreven werd. 't Is nog steeds waar.

'Millions of wooden piles under this town
make it a fairy forest upside down.
The whole world eats and sleeps under its roofs
and over all the seas our city moves,
so you could say, and then be very right:
this city has no place but is world-wide.'
It is more than three centuries ago
that this was written. And still it is so.

p. 90-91: Oude Schans

Dam

Dam

Kalverstraat

Stationsplein

96

Koninginnedag / Queen's Day, Vondelpark

Koninginnedag / Queen's Day, Vondelpark

Vondelpark

Koninginnedag / Queen's Day, Vondelpark

Koninginnedag / Queen's Day, Vondelpark

D'accordeon is niet als in Parijs,
niet met een dartele musette-wijs,
maar met melancholie die blijdschap geeft
aan al wat Amsterdamse oren heeft.

From the accordeon no French musette,
the songs it sings, they are all rather sad,
but there is some relief in all those tears
to anyone with real Amsterdam ears.

Koninginnedag / Queen's Day, Vondelpark

Koninginnedag / Queen's Day, Vondelpark

Heel wat geluid dat eens de stad rondging,
bestaat nog slechts in de herinnering:
de grote ratels bij de kar voor poep,
de paardetram, de zangerige roep
van venters door de straat, het droevig lied
dat men al zingende te koop aanbiedt...
nee, 't is voorbij. Wel bleef het carillon,
waarvan de klanken sprankelen in de zon,
of druipen, druipen, met de regen mee,
in het klassieke lied van Yesterday.

Soms komt een orgel in de straat terecht:
ooit werd er bij gedanst, zo wordt gezegd.
Dwars door de ook al rammelende muziek
hoor je 't gekletter van het mechaniek.
Straatmuzikanten uit elk werelddeel
en luide pantomiem van straattoneel,
waarvan de toeschouwer geen snars begrijpt.
Ratelende robot, die in meisjes knijpt.
Bas-bariton met schitterende stem.
Concerten, zich vermengend met de tram.
Maar dan weer dat stagnerend snelverkeer:
als gekken met de claxons in de weer
zolang er op een stukje van de gracht
op 't lossen van een wagen wordt gewacht.
Dat rijdt vaak radeloos de grachten rond,
totdat men eind'lijk een parkeerplaats vond.
Maar met dat al: liever een hartinfarct
dan eens de tram te nemen naar de markt.
Ineens is het met al 't lawaai gedaan:
je bent een mooi oud hofje ingegaan
waar, nog vlakbij het razende verkeer,
de stilte huist van dorpjes van weleer.
Hier gaat het leven kalm zijn eigen gang,
hier hoor je voetstappen en vogelzang.

Koninginnedag / Queen's Day, Leidseplein

A lot of city sounds that once rang out
are now merely memories here about:
cranking rattles on the carts for night soil,
the horse-drawn tram, the raw, lilting turmoil
of hawkers down the street; the saddest lines
of songs of yore with memory combine.
No, it is all long gone. The bells have stayed
ringing a cheery, sun-blessed accolade
or dripping, dripping along with the rain
to the melody of an old refrain.

Old organs appear sometimes in the street;
folks used to dance to their old-fashioned beat.
Today we hear throughout their tinny sounds,
the mechanical grind that now abounds.
Buskers from far play their national anthems
and street actors perform with make-shift emblems:
it's all over the heads of watching crowds.
A clanking robot chases girls and clouds.
A bass-baritone in rare lusty voice.
Concerts backed by the bells of trams for choice,
their decor is traffic and babies' prams.
Hooting horns and the plaintive rumbling trams
honk their impatience at the unloading van
blocking the motor flow on a bridge's span.
Drivers steer circles desparately searching
for that illusive empty space for parking.
But in spite of that they'd much rather get
a heart attack than the tram to market.
Then suddenly a silence falls: you've hit
upon a hidden hof and can there sit
so peacefully protected from the traffic;
the noise is locked outside as if by magic.
Here life goes on. Tranquility and calm
are broken only by a song-bird's psalm.

Koninginnedag / Queen's Day, Vondelpark

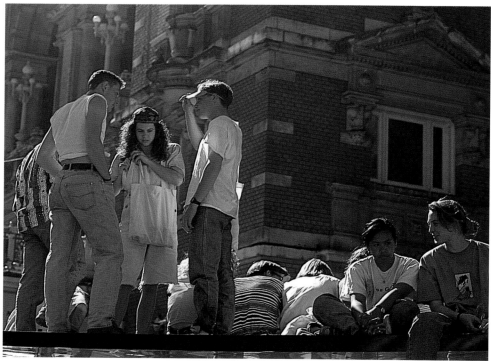

Koninginnedag / Queen's Day, Leidseplein

Koninginnedag / Queen's Day, Vondelpark

Koninginnedag / Queen's Day, Vondelpark

Sail Amsterdam, Noordzeekanaal / North Sea Canal

Sail Amsterdam, het IJ / the IJ

Leidseplein

Damrak

p. 108-109: Sail Amsterdam, De Ruijterkade

Remise Havenstraat / Havenstraat Depot

Remise Havenstraat / Havenstraat Depot

IJpont / IJ ferry

IJpont / IJ ferry

Kwadrantweg

Dit is iets wat ik nooit begrijpen kon:
hoe je de lopers van de marathon
op eigen kracht in snelheid evenaart,
zonder veel moeite, dank zij 't stalen paard,
dat officieel nog altijd rijwiel heet,
maar fiets genoemd wordt. Dat geen haver eet
en geen benzine. Dat geen spieren heeft
en ook geen motor. Dat geen damp afgeeft,
geen gif uitspreidt en niet op hol kan slaan,
en waarop niemand uit zijn bol zal gaan
omdat hij geen parkeerplaats vinden kan.
De fiets, geen enkele last heb je ervan,
de fiets, waarmee je door de wereld komt
als je zo nu en dan een band oppompt.
Geen mooie straat of gracht in Amsterdam
waar ik niet ooit eens fietsend binnenkwam
en staande op twee wielen en één voet
geschiedenis en schoonheid heb ontmoet,
om dan weer door te gaan op het gemaal
van eigen spierkracht, ketting en pedaal.
Vandaar dat ik altijd zo'n hekel had
aan het gespuis dat gaarne fietsen jat:
steel auto's, fietsendief, de stad staat vol,
steel vliegtuigonderdelen op Schiphol,
steel alle brommers uit je hele buurt,
steel dat, waardoor de regen wordt verzuurd,
steel al wat, steeds ontploffend, voort moet gaan,
maar laat in vredesnaam de fietsen staan.

Here's something I will never comprehend:
why is it that cars have become the trend
when I can whizz through jams and noisome traffic
powered by muscles, though mine are terrific.
With ease my bike overtakes grunting joggers
like an iron steed, and smoothly transfigures
stinking streets. Eating neither oats nor gas,
emiting no fumes or poisonous mass.
On two wheels you're not frantic or afraid,
you'll never rant, rave, but be calmly staid -
there's always a parking spot for a bike.
Bicycles, good for young and old alike,
will never give you bother. Pedal pace
leaves far behind the motorized rat-race.
No street or canal I have not entered
aroving on my trusty bike. Balanced
on one foot and two wheels, I have surveyed
history and charm and never been delayed
as I pushed on, relying on rhythmic turn
of pedal and chain that all of us can learn.
So I really hate the type of thief
who steals bikes in numbers beyond belief.
Steal cars, you cycle thief, we've got enough,
steal airplane parts, though for Schiphol that's tough,
steal all the mopeds in the whole damn town,
steal what can make the acid rain come down,
steal all those things that need their fossil fuel,
but to bicycle owners don't be cruel.

p. 114-115: A4 Schiphol

Schiphol / Schiphol airport

Coentunnel

Centraal Station / Central Station

Moskee Taibah, Amsterdam Zuidoost /
Taibah Mosque, Amsterdam Southeast

Hornweg, Westelijk Havengebied / Western Docklands

Hornweg, Westelijk Havengebied / Western Docklands

Mauritskade

Binnenkadijk

Mauritskade

Piet Heinkade

Vondelstraat

Amstelstraat

Hazenstraat

Ajax stadion / Ajax stadium

Wibautstraat

Centerpoint, Amsterdam Zuidoost / Amsterdam Southeast

Prins Hendrikkade

Metrostation / Metro station Kraaienest

Bijlmermeer

Amsterdam Zuidoost / Amsterdam Southeast

Academisch Medisch Centrum, Amsterdam Zuidoost / Academic Medical Centre, Amsterdam Southeast

NMB Bank, Amsterdam Zuidoost / Amsterdam Southeast

Het luchthavenstation is ondergronds,
maar alle andere nieuwste stations
doorzichtiger dan ooit. De woningbouw
wordt weer voorzichtiger met mensen, trouw
aan de bescheiden menselijke schaal.
De hele bouwkunst praat weer mensentaal.
De jaren vijftig bouwden in mineur
en steeds rechthoekig. Nu is er weer kleur,
weer vormtaal, in de binnenstad en om
de buitenkant van de bebouwde kom.
Ook schaamt men zich niet meer voor romantiek,
maar toont aan het verbijsterde publiek
bankburcht, effectenslot, kantoorkasteel,
waarin de klerk uitgroeit tot minnestreel.
O, nieuwe bouwkunst, kleurig, fraai en fris,
die ieder weer laat weten waar hij is!
We zijn er blij mee. Straf de schurken die
de boel verknoeien met hun graffiti.

Our airport station is under the ground,
but some stations in the sky can be found,
more transparent than ever. New housing
is kinder to our people, more caring,
and built to suit a human scale - we're grateful.
Architecture is learning to be careful.
No more those faceless blocks in Fifties fashion,
colour is back in style, form the new passion,
in the city's stately and ancient heart,
in the suburbs, in fact in every part.
Who's now ashamed of a bit of romance?
Our banks are castles, a palace our 'Change,
offices resemble keeps staffed by magic;
the post-war efforts now appear so tragic.
The modern times bring colour, joyful, true,
our suburbs now come complete with a view.
A happy bunch are we with one complaint:
will the graffiti fans remove their paint.

NMB Bank, Amsterdam Zuidoost / Amsterdam Southeast

Centerpoint, Amsterdam Zuidoost / Amsterdam Southeast

Centerpoint, Amsterdam Zuidoost / Amsterdam Southeast

Hoogoorddreef, Amsterdam Zuidoost / Amsterdam Southeast

Centerpoint, Amsterdam Zuidoost / Amsterdam Southeast

World Trade Centre

World Trade Centre

p. 140-141:
Centerpoint, Amsterdam Zuidoost / Amsterdam Southeast